JN439147

소크라테스 아내

지강식 시집

계간문예

소크라테스 아내

| 시인의 말 |

앞만 보고 무작정 달려온 길
세상에 밝지 않아
나 자신과의 싸움은 늘 고단했다.
저녁노을이 내릴 무렵에야
겨우 열매 한 알 맺었다.
걸어온 삶의 흔적이 거름이고
품고 있던 꿈이 양분이다.
열매가 깊은 맛을 지니기를 바라지만
걱정이 앞선다.
부족함은
독자의 너그러운 마음으로 채워주시기를……
나를 세상에 내보내고
배움의 길을 열어주신
부모님 영전에 이 시집을 바친다.

2022년 겨울

현동 지강식

■ 차례

시인의 말 • 4

제1부

땅의 연서戀書 • 13
노병은 죽지 않는다 • 14
소크라테스 아내 • 15
두발 짐승 • 16
꿈을 그리다 • 17
함께 취하다 • 18
이런 키스 • 20
훈장 • 21
눈 • 22
블랙홀 • 23
모텔 • 24
철벽 • 26
진짜 장군 • 27
안과 밖 • 28
거울 • 29
주책 • 30
어둠은 비밀이 많다 • 31
노을 꽃 • 32

제2부

시詩 • 35
방치된 미인의 하소연 • 36
미완성 은하 철도 • 38
네가 왜 거기서 나와 • 40
그림자 • 42
그대 목소리 • 43
예언자 • 44
ㅇ과 ㅡ • 46
허스크바나 • 47
당신의 메아리 • 48
레이다 • 49
통 큰 세입자 • 50
신호등 • 51
어느 놈 • 52
이런 사랑 • 53
해방과 책임 • 54
숲 노래방 • 55
공염불 • 56

제3부

My way • 59
등藤 • 60
파초 • 61
피난 • 62
공든 탑 • 64
동짓날 밤 • 66
허고개 • 68
깃들다 • 70
할머니 전쟁터 • 72
있어 • 73
촛불 시위 • 74
타임캡슐 • 75
어디서 나올까 • 76
나에게 묻다 • 78
하늘 거울 • 80
일출 • 81
아리랑을 읽다가 • 82
삶의 퇴고 • 84

제4부

보금자리 • 87
금목서 땡잡다 • 88
업고 놀다 • 89
꽃치자 • 90
들깨 아파트 • 91
문패도 없지만 • 92
명당 • 94
어느 여관 • 95
교실 • 96
소쩍새 • 97
동반자 • 98
부레옥잠 • 100
아궁이 • 101
교목 • 102
말문이 열렸겠지 • 104
저 하늘 별 되어 • 106
같이 살자 • 108
이슬 • 110

평설 잘 조율된 자연의 악기와 같은 삶 • 113
— 송기한 (문학평론가 · 대전대 교수)

땅의 연서戀書

새싹은
지심의 정열이 쏘아 올린 탄두彈頭
두근대는 가슴
붉게 상기된 얼굴

겨우내 움츠린 뿌리
뇌관이 돼
바닥 차고 솟아오르는
서슬 퍼런 꿈

우주여
이 연서戀書
뜨겁게 품을 준비가 되었는가

노병은 죽지 않는다

처음 내게 왔을 땐
최신형 탱크
평지처럼 내달렸다

명이 떨어지면
진창도 가시밭도 뚫고 가는
수륙 양용 장갑차
험난한 고지 다 정복한 개선장군
찢긴 상처 덧댄 가죽
고귀한 훈장으로 빛난다

굽은 등뼈
다시 곧추세워
치열한 전장의 대지를 꿈꾸는
안전화 한 켤레

소크라테스 아내

날 호주머니에 넣은 채
창문 열면 닫으라 하고
에어컨은 감기 온다 꺼라 하네
얼굴 좀 내밀라치면
두더지 방망이처럼 두드리네
난 당신의 꼭두각시 인형
그게 정이라고 우겨대는
소크라테스 아내여

손톱에 할퀸 상처
판화처럼 새겨진 가슴
얼굴이 내 얼굴이 아니다
되풀이되는 바가지
이제 귀에 익숙한 유행가 타령

그래도 조강지처 최고라고
바꾸어 봐야
그게 그거라고 달래는 마음
짜그락대는 겨울 가지
봄이 오면
다시 푸른 정 피어나려나

두발 짐승

온갖 말보다
더 살갑게
서로를 핥아 주는
고양이 한 쌍

그저 순한
눈망울로
눈을 맞춰
서로를 지긋이 바라볼 뿐

부끄럽구나
내 사랑은

꿈을 그리다
— 서예

눈 내린 대지
의지의 촉수를 펼쳐
극지極地를 더듬는다

길은
휘달리고 감기다
뚝, 끊어진다
흑과 백
이보다 강한 포옹 어디 있을까

세상에
등대 하나 남기기 위해
연약한 털
기를 모아 내리그으면
어둠 속에 피어나는
한 줌 빛의 씨앗

별밭이다,
바보처럼 한길
꿈을 다듬다 구겨진 그 흔적

함께 취하다
— 서예

눈만 뜨면
오랜 친구들
날 독방에 부른다

직선 대나무같이
한 길로 뻗어가는 친구
바람에 흔들려도
중심을 바로 잡는 법

비틀거리듯
취한 발걸음 친구
난처럼 유려한 곡선
탄력 있게 살려내는 법

옷자락 휘날리며
춤을 추는 친구
새 눈 뜨게 한다
보이지 않는 길을 그려내는 법

까만 먹물은
차디찬 얼음이었다가
펄펄 끓는 용광로였다가

독방의 오랜 친구들
눈만 뜨면
함께 취한다

이런 키스

빨간 루주
입술로 새긴 보석

골마다
붉게 스민 고뇌와 땀방울

책임이라는 마지막
약속

정열을 다 녹인
깊은 키스
붓글씨 옆에
입술 꽉,

훈장

이마에 있어야 할 것이
정강이 위에
둥근 무늬
패인 무늬
색깔도 갖가지

초등학교 운동회
군대에서 촛대뼈
신혼살림 땔나무
농사짓다 돌부리
온갖 훈장들

고달프고
어리석게 걸어온 길
하지만 나의 사전
빛나는 훈장

눈

온 세상
통거리 흰 눈

터 잡은 된장 단지
뚱보 큰언니

왜쭉 비쭉 간장 단지
새침쟁이 동생

알짬 고추장 단지
귀여운 막둥이

옹기종기
오손도손

흰 모자 흰 저고리에
하얀 바지

오늘은 모두
멋쟁이
이날이 최고야

블랙홀

공업탑 오거리
온갖 삶이 질주하다가
한 점에 빨려든다

제때 멈추지 않으면
영원히 사라질 것 같아
둥근 눈 칼날같이 번뜩이며
얼굴은 서리 내린 듯
마음은 콩닥콩닥

높은 사람
귀한 사람
온갖 똑똑한 사람도
한 바퀴 돌고 나면
풀이 죽는 곳

멈추고 가는 원칙 앞에
모두 고분고분
세상 누구에게나
평등한 원리 하나 펼쳐놓은
블랙홀, 현자의 눈

모텔

밤낮 열려 있어
무인 모텔
길 잃은 손을
맞아주는 곳

동전을 주는 손
사탕을 쥐고 온 손
장난치며
머물다 가고

비비다 온 손
눈물에 젖은 손
따스한 온기를 심어
내보낸다

가볍게 울고 웃는
때 묻은 손
항상 열려 있는
호주머니 모텔

손이 쉬었다 간 후
지문 몇 개
남아 있다
시간의 조각처럼

철벽

초롱초롱하던 눈동자
안개가 끼고
나이테가 무뎌져
지문이 없다

뜨겁게 불태우지만
헉헉대는 육신
붙잡아 보지만
뿌리치고 떠나가는 정열

눈 내리는 머리털
염색한다고 돌아오지 않지만
실낱같은 끈을 잡고
허리띠 불끈 조르고

구도자처럼
목줄이 끊어지도록
무릎에 피가 엉기도록

백설의 침입
철벽으로 막는다

진짜 장군

대가 없어
지금껏 사용했더니
귀에 반란이다
머리를 잘 흔드는 장군도
손바닥으로 귀를 탁탁 쳐대는 장군도
반란군은 비웃으며
얼마든지 더 해보라 깐죽거린다

장수들 틈에 기대선 이등병
면봉이 해결해 보겠다 나섰다
끝을 부드럽게 무장하고
어둠 속 귓바퀴 요새에 진입
날 세운 칼끝보다
오히려 살살 간질이는 작전에
적은 웃다가 정신없이 달려 나왔다
귓속 반란 진압에 성공
그래 면봉, 네가 진짜 장군이다

안과 밖

뜨겁게 달아오르는
헬스장
창을 사이에 두고

안은
땀을 뻘뻘 흘리는
보디빌더의 기합 소리
타오르는 장작불

밖은 충혈된 눈
졸고 있는 전등 아래
술잔에 흐느적흐느적
사그라드는 잿더미

어느 쪽 길을
걸을까

거울

제 종족 못난 얼굴
내 이름 함부로 갖다 붙이던 사람들

향이 맑아 좋다고
안방에도 차 안에도
윗자리 모셔갔지
감기 몸살에는 최고라며
총총 썰어
찻잔에 간절한 구애
못생겼다 구박하다
금세 보물처럼 떠받드는

니들이 못난이 모과 아닌가

주책

남쪽 베란다 건조대
그녀가 두 다리 쭉 뻗고
누워 있다
해변에서
일광욕에 취한 듯

볼륨 있는 상체
늘씬한 하체
자꾸 눈길 끌어당긴다
홀딱 벗고
길게 누운 치어리더
백도라지

어둠은 비밀이 많다

낮에
아내와 통화한다
거기 어디야
응, 알았어

밤에
아내와 통화한다
거기 어디야
뭐!!
왜??

노을 꽃

노란 은행잎은
남은 날에 대한 물음
남길 것은 무엇이고
보낼 것은 무엇인가

늦가을 냄새
못다 태운 불길이 가슴을 할퀸다
생을 헌신짝같이
버리고 갈 수 있어야 하는데

소멸 앞에서
영원에 대한 갈망은 더욱 깊어
언제쯤
한 줄기 바람처럼 갈 수 있을까

다 비운 자의
노란 수의는 거룩하다
그 당당한 어깨
노을이 찬란히 꽃을 바친다

제2부

시詩

들깨 씨앗 짜면 들기름
참깨 씨앗 짜면 참기름

마음의 씨앗 짜면 영혼
영혼의 씨앗을 짜면
시

방치된 미인의 하소연

먼지를 덮어쓴 채
장식장 구석에 놓인,
나는 맵시 고운 상패

한때는 수컷들이
모두 날 탐하는 눈빛이었지
내 관심을 끌기 위해
무릎 꿇고 내 손에 입 맞추었지

승리자의 품에 안긴 나
뭇시선의 부러움 속
빛나는 내일을 꿈꾸었는데

남들 부러워하는 집
안방 차지까진 좋았지
처음 나를 귀애하며
자랑할 때까진 좋았지

하지만 낚은 물고기에는
먹이를 주지 않는다는 말처럼
먼지가 내려도 무관심
때가 묻고 녹슬어도 무관심
이제 내가 있는지 없는지도 모른다

이놈아, 제발
네가 날 얻을 때 들인 정성
그 십 분의 일이라도
내게 쏟아라

미완성 은하 철도

경주 양남 읍천항 주상절리
용왕이
은하까지 철도를 놓으려고
침목을 가득 쌓아 놓았네

하지만 토끼전처럼
그만 병이 들어
철도를 놓지 못했네
검게 빛이 바랜 침목

그때 길을 놓았다면
하늘의 고민 용왕이 풀고
바다의 고민
옥황상제가 넉넉히 헤아렸겠지

고달픈 삶에 지칠 때
다가오는 운명이
궁금할 때
용왕과 옥황상제 주술은 특효약

소문 번져
여행객 몰려오면
우리는 매일매일 축제일 텐데
볼 때마다 아쉬운
미완성 은하 철도

네가 왜 거기서 나와

추석 연휴 마지막 날
이슬 맞은 풀베기
한숨 쉬어할까
면장갑 벗고
밭둑에 걸터앉아 막걸리 한 사발

벗어 놓은 면장갑 끼니
갑자기 집게손가락
대바늘로 콕 찌른다
순간 벗어던져
발로 징징 밟으니 물컹
볼펜만 한 검붉은 지네
어슬렁어슬렁
네가 왜 거기서 나와

적의 머리를 사정없이
장화 발로 밟아 제압
집게손가락 칼로 끊는 듯
온몸이 붉게 달아오르는 듯
젖꼭지처럼 피를 빨아대며

119 SOS
병원 응급실, 왜 그리 멀까

지네 독은 명과 상관없다니
그만 이 세상 다 얻은 듯

그림자

늦깎이 시의 길
열심히 두드려도
소리는 들려오지 않아
까치발로 목이 빠지게
사방을 두리번두리번

밤새 눈꺼풀 뒤집으며
시가 걸어갈 종이
뚫어지게 바라보지만
욕심만 앞서
얻은 것은 빈손

내일의 희망을 걸고
어제 갔던 길을
다시 밟아가지만
시는 언덕 너머 안개 속에 있고
나는 당달봉사처럼 헤매 도네

잡힐 듯 잡힐 듯
잡히지 않는

그대 목소리

S라인의 그대
허리에 손을 받치고 키스
기를 불어넣으면
구성진 목소리
울려 퍼진다

장년은
옷보다 마음이 젖어
옛날 속에서
허우적허우적

웃는 이를 울게 하고
우는 이를 웃게 하던,
소리 하나로
사나이 마음을
움켜잡은 마력의 당신

이 밤도 너와 함께
은하를 떠돌며 별을 낚는다
색소폰, 나의 반려자

예언자
— 시계

나이테를 만드는 운명이란 작가
한 치의 오차 없이
살아 있는 것들 끌어들인다

잘난 놈
못난 놈
차별 없고 공평하게

빈손으로 가는 것이 아쉬워
승리자에게 무거운 짐
패배자에게 빈손

가득 채운 것이 행복이라지만,
그것이 오히려 우환
텅 빈 손이 눈물이라지만
그것이 오히려 은은한 보석

운명의 작가를 탓하지 마라
승리도 패배도
자신의 얼굴

그냥 보낸 일 초 일 초도
다 헤아리고 있는
예언자의 톱니바퀴

ㅇ과 —

사돈집에서 자란 손주
제사 지내러 와
보고만 있어도
절로 함박웃음

어떤 장난도 성가시지 않아
네 손짓 하나하나에
우린 그저
부처님 마음

그런데 돌아갈 때
할머니 치마 벗어줘
너무 고와서
서울 외할머니 갖다 드리게

손자를 보며
함박웃음을 피우던 할매
순간 그 입
한 일 자로 바뀌었다

허스크바나

해송들 사이
S자 L자 모양을 따라
푸르게 펼쳐진 잔디
한 주만 지나도
부숭부숭한 더벅머리

좌로 우로 오가며
공평하게 밀어준다
능숙한
허스크바나 이발사의 가위질
십 년은 더 젊어진
스포츠 머리

초동樵童 꼴망태 맨
유년 시절
눈앞에 있다

당신의 메아리

올해 김장
최고!
벌써 휑하니 비어버린 독

화학조미료 하나 없는데
귀신 입맛에 맞추듯
나를 낚아
식탁으로 끌고 있다

텅 빈 항아리
당신의 메아리
더 크고 깊게
울린다

레이다

와이셔츠
단추 구멍만큼 작지만
칼날 같은,

고주망태
흥얼대며 들어오다
술이 확 깨고

얕은수
숨겨둔 비상금
벌벌 떨며 자수

안방에서도
천 리 밖의 나를 살피는,
언제 내 머리 꼭대기
안테나를 세우셨는가

통 큰 세입자

땅속 깊이 파서
보금자리 만들고
내년 봄 축제나 기다리며
잠을 청하는데
갑자기 파헤쳐진 집

월동 준비
무 구덩이를 팔 것이면
누가 세 들어 있나
미리 살펴보고 파야지
땅속 잠시 빌렸을 뿐인데
겨울 지나면 알아서 비워줄 텐데
왜 남의 안방 뒤집어놓나

무례한
땅 주인아
부동산법도 모르느냐
우리 개구리도 그렇게는 안 한다

난 비킬 생각 없어
당장 흙을 다시 덮지 못해!

신호등

짐승처럼 나를 가둔
허리띠
허덕일 땐 개미허리
풀어지면 하마 몸통
웃음과 울음
조이개

줄어들면 노란불
늘어나면 빨간불
이 신호등엔
왜 푸른 불이 없나

어느 놈

신록의 계절
햇살이 온몸 뜨겁게 달굴 때
방울방울
붉은 옷 걸치고 찾아온 여인

푸른 치마저고리 사이
얼핏 비치는 속살
눈길을 끌어당긴다
볼 때마다 붉은 웃음
갈까 말까 갈까 말까

여름 내내
내 마음 흔들어대던 배롱나무
망설임만 품다 지나쳤는데
꽃 진 후에 야무진 열매들

어느 놈이
뜨겁게 다녀간 건가

이런 사랑

얼룩무늬 들고양이
농장을 헤집던 두더지 잡아
너무 기특해
특식 차려주며
인연 맺었네

내가 떠나면
금빛 눈동자 반짝이며 기다리고
집에 있으면
레이다처럼 귀 움직이며
평상 위에서 망부석

전생에 우리 사이
무엇이었나
못다 한 사랑이 환생한 건가

어제도 오늘도
눈빛으로 오고 가는 마음
나는 너밖에 없다
지고지순 저 자세

해방과 책임

아내가 없는 날
마음이 붕 뜬다
갑자기
더 넓어진 집

소주에 라면
바닥을 뒹굴다
이것저것 꺼내 먹어도
바가지 없어 참 좋은 날

하지만 귀가 시간
온통 포탄 맞은 자리
현관문 볼 때마다
가슴이 벌렁벌렁

숲 노래방

소나무 농장은
새들 사철 노래방

해님 오기 전
이슬 안고 참새들 노래

해님 방긋 웃으면
반가운 손님 오려나 까치 소리

오후 내내 뻐꾸기 정다운 인사
밤에는 임 부르는 소쩍새

낮부터 밤까지
시간 맞춰 성업 중

때 묻지 않은 목청
듣고 또 들어도
질리지 않는 최고의 명곡

공염불

이른 새벽
부처님과 나 혼자뿐
최면 걸린 것처럼
적막 속에
빠져든 순간
새로운 귀가 열리고

잡념 하나까지 다 비우면
바닥에 가라앉아 있던 진실
꽃송이처럼 눈을 떠
그 향기를 따라
오늘도 내일도 계속
일 배 일 배 백팔 배….

님아, 해탈은 어디쯤이냐?
밤새
아프도록 온몸 태우지만
때 묻은 몸뚱이
납덩이 같아

제3부

My way

청춘이 좋다?
아니야

등수 매기지 않고
저울에 달지도 않고
모두
껄…껄…껄…
허풍선이 웃는 마음

아래보다는 조금 높고
쳐다볼 봉우리가 있는
지금!

등藤

물줄기 거슬러 오르던
연어 지느러미 꿈틀댐인가
가녀려 보이지만
하늘길 찾아가는 쉼 없는 발걸음
텅 빈 지상에서 가지들끼리
서로가 서로에게 길을 엮는 동아줄

걷다 보면
자갈밭에도 꽃은 피어나듯이
한 굽이 넘어서면
초파일 연등 주렁주렁
벌나비 불러 모아
은하의 장정에 도장 찍고 간다

세상의 채찍질 주저앉은 내게
온갖 흉터를 내보이며 다독여주는 친구
갈라 터진 몸뚱이마다
불꽃의 뚝심을 품은 사나이
노 젓는 팔뚝, 불끈불끈 근육
열어 갈 항로
어떤 풍파도 두렵지 않다

파초

머나먼 남국에서
우리 집에 시집 온 얼굴 넓은 새댁
장독 둘레 담 밑에 터를 잡았네

낯선 동네
주위는 온통 까칠한 해송
기지개 한번 마음껏 펴지 못했지만
오직 고향 소식 알려주는 해님만 바라보며
이국에 뿌리내려
푸른 옷 펼친 싱그런 춤사위

하지만
밀려든 태풍에
얼굴은 흉터, 팔뚝은 뒤로 꺾였다
그래도 지치지 않는 억척 살림꾼

그 상처 위로 다시 햇빛
슬하에 생겨난 아들딸
설움 다 잊고
오늘은 풍성한 잔치를 벌였다

피난

다가오는
얼음 계절
그 사나운 이빨과 발톱

벌벌 떨고 있는
막내 풍란은 책상머리
열대 식물 1은 거실
열대 식물 2는 양지쪽 창가
들어오지 못한 파초는
짚으로 두꺼운 방한복

살을 에는 삭풍
꽁꽁 몸을 묶는 얼음
저 짐승이 무섭다 한들
함께 온기를 보탠
이 성벽을 넘을 수 있으랴

어떤 외적의 침략도
견뎌낸 우리 선조처럼
짐승의 시간을 지나
내년 봄
우린 다시 기지개를 켜리라

공든 탑

겨울 끝자락
깊게 고랑 파 퇴비 깔고
유기질 거름도 넣고
좋은 감자 품종 골라 심었다

며칠 뒤 살펴보니
곳곳에서 싹이 나와
고랑 가득 우거지게 잘 자랐다
얘들은 자식처럼 속 썩이지 않네

감자 풍년에 가슴 부풀어
해만 뜨면 찾아가
기특하다
물을 주고 보살폈는데

하짓날 감자 수확
주먹만 한 감자 주렁주렁
기대했는데
올망졸망 도토리 알 쪼르르

자식 농사나
감자 농사나
공든 탑은
어디로 갔나

새알 감자를 들고
가슴앓이
감자의 배신인가
초보 농군의 실수인가

동짓날 밤

밤이 하늘의 고지를 밟는 날
까만 망토를 걸친 요정
창문을 넘어 들어와
떨고 있는 내 몸
싸늘한 손으로 더듬는다

낮보다 밤이 더 휘황찬란한
내 가슴속에서
밤의 요정과
뜨거운 사랑을 나눈다
붉은 입술과 따뜻한 온기
나는 까만 망토에 쌓여
눈을 감는다

밤이슬에 젖고 젖어
가슴은 헐떡이고
절룩거리는 다리
명주 실꾸리 하나
다 풀어헤친 밤

먼 동녘
홰치는 닭 소리
내 눈썹 하얀 눈이 내렸네

허고개

문수동자도 헉헉대며 넘었다는 허고개
구불구불 휘어 감고 올라가는 길
무거운 삶의 짐 잔뜩 이고 지고
고통의 울분을 땀방울처럼 흘리며
이마에는 굵은 주름
붉게 충혈된 눈동자

해마다 터지는 운전 사고
길이 문제인가
인간의 성급함 때문인가
아니면 산신령이 노하신 건가

나락으로 떨어지는 선량한 사람들
살려 달라 외치지만 본체만체
어제도 오늘도
끝내 울분을 토해낸다
시장님 살려 주세요
이제 더 못 참겠다고
수십 명이 줄을 지어
성난 얼굴로 깃발을 흔든다

까막눈은 아닌데 못 본 척하는 나으리들
이 소리 들리는가
굳은살 손바닥들의 거센 항의
끝내 외면하시려는가

이 고개에서 장애인으로 누운 남편을 두고
그의 아내
산 입에 거미줄 치는 신세
켜켜이 쌓인 설움
절절한 함성으로 풀어헤친다

깃들다

나무 대가족
한 건물에 입주

일 층 막내네
붉은 꽃봉오리 동백
지난여름 역병의 상처 아물어
다시 연 푸른 가게

이 층 둘째네
봄소식 만드는 매화
봄소식 전하는 산수유
우체국 차려 분주하다

삼 층 셋째네
복숭아 사과 버찌
단맛을 얻기 위해
햇살 아래 요가 중

그 위에 넷째네
장년의 은행나무
지팡이 잡은 노송 손잡고
늦가을 산책길

국수봉 능선
초승달 켜 놓고
별들 밤새 밀어 소곤대는 곳

옥탑방이라도 좋아
한 마리 부엉이 되어
나도 거기 깃들고 싶다

할머니 전쟁터

장날 아침
첫 버스는 장꾼 할머니로 만원
피난 봇짐 같은 보따리
발 앞에 모으고
전쟁터라도 가는 듯
어깨에 힘주고 엄숙한 얼굴

백발은 흑발로 물들였으나
얼굴엔 세월의 계급장 가득
머리카락과 얼굴은 따로국밥
손주 녀석 용돈
계급장처럼 달아주는 재미
오늘도 이 전장에 선다

휘어진 허리를 등에 지고
길러 담아 온 것들인데
그 땀방울
어떤 저울로 잴 수 있겠나
할머니 저 함박웃음
어떤 병사가 이겨내겠나

오래된 전쟁터 햇빛 훤하다

있어

산이 있어
오르는 사람 있고
겨울이 있어
봄이 있다
가시가 있어
열매가 달다

과녁이 있어
화살처럼 질주하는 삶
아킬레스건을 족치고
눈빛을 다시 세운다

촛불 시위

겨울 오는 억새 마을
집집마다
이마 하얗게 불을 밝혀
촛불 시위 한창이다
바람이 이리 불면
맞아 맞아
바람이 저리 불면
아니야 아니야

한여름 시퍼런 칼 무장
태풍에 다 실어 보내고
가을바람 앞에
우리는 모두 하얀 속살
서로 짓밟는 폭력 없이
바람이 저리 불면
아니야 아니야
바람이 이리 불면
그래 맞아 맞아

타임캡슐

선달
마지막 잎새
보내는 마음
새로 맞는 설렘

눈물을 훔치며
미련을 싹둑 잘라 띄워 보내고
고양이 발톱에
할퀸 마음의 상처
거울처럼 들여다본다

영롱한 아침이슬처럼
빛나던 추억
보석 상자에 차곡차곡
꿈나무 아래
타임캡슐로 묻어두고

올려다본 하늘
장엄하게
떠오른 무지개를 타고
새들이 비상한다

어디서 나올까

붕어 한 쌍 입양
수많은 알 낳으니
무수한 붕어 형제들

제일 큰형 리더인가
연못을 돌다
간식 시간 떼로 몰려와
먹이 달라
아가미 벙긋벙긋

쭉 쭉 소리 내며
함께 먹이를 먹다
어떤 소리라도 나면
큰형 지시에 일제히 잠복
갔다! 외치면 다시 먹이 사냥

떼 지은 형제들
하나 낙오 없다
일사불란한 지휘 체계
강적 오리도 따돌려버리는
유비무환

그 리드의 힘

나에게 묻다

거울이
내게 묻는다
야! 너 빚 다 갚았니?

쌈지에 없으면
빌려와 쥐어 주시던,
갚을 때까지
가슴을 새까맣게 태우던 그 돈

농사지은 곡식
가마니째 수레로 실어 날라
그렇게 마련해 준
땀에 전 그 돈

눈 뜨면 쓰다듬으며
온갖 정성으로 살 찌운 황소
속정도 다 끊고
눈물 속에 판 그 돈
담즙이 다 녹아내린
소금보다 더 짠 그 돈

그러나 지금
통장에 쌓여 있어도
좋아하시던
먹갈치 한 토막 사드릴 수 없는,
갚을 길 없는 그 돈

하늘 거울

밤에는
먹물 같은 어둠 속
별과 달로
우리를 살피고

낮엔
파랗고 깊은 창공
태양으로
우리를 비추고

밤낮없이
큰 망원경으로
땅을 훑어본다
우리 비밀
하나하나 다 녹화한다

억울하고 답답할 때
정성을 모으면
다 보여주고 판결해 주는
하늘은 마음의 거울

일출

새벽의 메시지를
제일 먼저 받은 닭 전령
홰를 치며 웅장하게
꼬끼오

높은 나무 위
밤을 지샌 비비새
봉화를 받아 전한다
비비 휘휘 비비 휘휘

낮은 나무의
산새들이
빛을 뿌리며 지휘한다
비비 휘이오 비비 휘이오

이슬 흠뻑 마신 신록
싱싱한 눈빛
또 하루 내달릴
준비 마쳤다

아리랑을 읽다가

35년간
대하 장편 태백산맥, 한강
그리고 아리랑을 쓴 조정래
늘 앉아 원고 쓰다
탈장으로
제대로 앉지도 못하는 작가의 짐

그 큰 산을 넘은 역사
넘기기 위해
아들과 며느리에게
10권 소설을 베껴 쓰게 하고
손자에게
꿈을 넘기기 위해
동화도 쓰고 있다네

평생 그를
뒷바라지한 아내
수술하여 병원에 입원하자
9일간 꼬박 간호하며
아내 머리맡에 매일 밤 꽃편지

병원 생기고 처음
있는 일이라 소문났다지

아리랑을 읽다가
작가를 품은 건
복에 겨운 덤

삶의 퇴고

뜨고 지고
피고 지고
나이테 하나 더 얻었다

하얀 구레나룻 수염
긴 한숨 안에
이마에 한 계급 더

산과 바위는 그대로인데
시곗바늘 재촉은
우리에게 가혹해

남길 것은 남기고
가져갈 것은 흔적 없이
가져가고파

후회 없는
한 편의 시를 위해
오자 없이 퇴고하려는 몸부림

제4부

보금자리

가장 좋아하는 판넬 집
낮에 비 소식
제일 먼저 전하고
어두운 밤
바람의 연주를 들려주는 집

여름은 프라이팬처럼 달아올라
땀 뚝 뚝 듣는 한증막
겨울은 매서운 한파
그냥 스며드는 냉동고
더위와 추위 속
내 지나온 길과 갈 길을 생각해 본다

책을 읽고 있으면
가까이 벌레의 현악기 소리
먼 곳에서 산새의 피리 소리
마음 씻어주니
이보다 좋은 곳
세상 어디에 있겠나

금목서 땡잡다

잘생긴 금목서
노총각이라
늘 어깨 축 처진 모습

언양 장날
선보러
꽃동네 찾아가니
때마침
은목서 아가씨 첫눈에 든다

금목서 옆 나란히
명당 잡아
아담한 신방
금목서 어깨춤 절로 출 듯

내년엔
금목서 은목서
깨가 쏟아지겠네
그 향기
두동마을 온통 뒤집어 놓겠네

업고 놀다

가슴은 앵두
등은 수박
돌 틈에 숨어 있다
귀신처럼 뛰어오르는 무당개구리

사랑 싸움에
보호색을 혼인색으로 바꾸고
함께 외출하며
눈망울 신호 따라
교대로 폴짝 ~ 폴짝

서로 통하면
업고 놀며
응 하고 앙 하며, 응— 앙—, 응앙
사랑 시 읊는다
지들이 무슨
이 도령과 춘향이라고

꽃치자

첫사랑 아가씨
사향주머니처럼
향기 뿜어내던 꽃분 냄새
내 사내를 문질러
염통에 발통을 달린 듯
온몸을 달구어
감당 못 할
보고픔과 떨림
그러나 버림받고
입술 꽉 깨물었는데

아픔 속 돌에 새긴 맹세
아직 뜨겁고
희미하게 식어가는 약속들
아쉬운
꽃치자 향기
그 늪에 종일 허우적댄다

들깨 아파트

꼬투리 하나에
별 대문을 단
들깨 아파트

문패는 짙은 향기
부부 사이 금슬 좋아
일란성쌍둥이
이란성쌍둥이
알룩달룩

나는 엄마보다
예쁘게 더 잘 살 거야
나는 아빠보다
튼실하게 더 잘 살 거야

온 동네 들깨 향 풍겨
아파트 값 오르겠네
입주민들 싱글벙글이네

문패도 없지만

구불구불한 소나무
꼭대기 한 층 아래
새 둥지
그 보금자리에
점박이 새알 두 개

또 다른 소나무
북풍 막으려
Y자 가지 교차지점에
새 둥지
미색 새알 세 개

풍성한
P자형 소나무
앞뒤 경치 좋아
푹신한 둥지
파란색 새알 네 개

나무 따라
각각의 보금자리
몰래 세 들어 살다 보니
문패도 없지만
암수가 피워내는
뜨건 사랑은
하나!

명당

농장 우체통
박새가 둥지를 틀어
점박이 알 다섯 개
새로 이사 온 내 집이라고
우체부 아저씨도 오지 마라
경비를 선다

며칠 지나
알에서 부화한 새끼
눈도 못 뜬 체
소리도 없이
꿈틀대더니

엄마 새 아빠 새
교대로 먹이 물고 올 때마다
여기가
명당 명당 명당 명당 명당
입을 모으네

어느 여관

가지 사이로
산수유
입술 가늘게 떨며 수줍은 미소
겨울밤 꽃봉오리 방에
봄이 묵고 있다

바람이
언 온도계 밀어 올리면
가장 먼저 깨어나
노란 쪽문을 열고

엄동설한
어떻게 나셨소

교실

산에는
꽃이 피고 지고
대지에는
강이 흐르고 멎고
사람은
시를 읊고 여운을 누린다

위대한 가르침은
시멘트 강당이 아니라
이슬 아래 싹트는
자연의 노래를 통해
다시 태어나는 것

생명의 바다
보이지 않는 질서
늦깎이 학생이 되어
밤을 지샌다

소쩍새

깜깜한 밤
물레질 고달픈 기억
서러운 목소리

바지 적삼
땀으로 찌든 머슴
한이 빚어낸 곡조

보릿고개 넘기려
떠돌이 길
목도 잠겨 소리 없는 소리

풀지 못한 한
얼마나 깊기에
어둠 속에서

온 세상
눈물로 적셔
아침 이슬로

동반자

꿈나무 키우려고
반평생을 교단에 섰지만
열매 제대로 맺지 못해
인생 이모작에
농원을 차려
해송 나무 기르고 있네

험한 풍파에 시달려
엇나간 가지
오늘 받침목으로 바로 잡고
모진 질병 걸려
앓는 나무
약물 뿌리고 영양제도 놓고

겨울의 한파 넘어
여름날 땡볕도 건너
열매 맺는 꿈
파란 하늘로 치솟는
수염 덥수룩한 장수의 위엄

내가 떠난 후에도
오래도록
넌 세상을 휘젓고 있겠지

부레옥잠

어항에 기른 부레옥잠
넉넉히 자라
구피 가족의 보금자리

낮이면 해님의 따스한 사랑
밤이면 달님의 포근한 손길
뿌리는 구피 입질로
상처 아물 날 없지만

오늘은
환한 새 세상 됐네
구덩이에서 큰 꽃대 올려
동그랗게 꽃 피운 부레옥잠

여섯 꽃잎 활짝 펼쳐
연보라 맵시 대회
네가 장원이다
한 꽃잎에 진한 보라색으로
낙점을 해 놓았네

아궁이

솔가지든 장작이든
가리지 않고
불을 먹어야 살아나는 짐승

안방 넓게 배를 깔고
염치없는 큰 입
주는 대로 받아먹는다

그래, 네 먹성으로
삼동 한파에도
식지 않는 안방 아랫목

잉걸불이 재가 되고
재가 따스한 사랑이 되고
우리 가족을 싣고
겨울 바다 건너가는 배

네 온몸
자글자글 불살라
늘 정겹다, 우리 보금자리

고목

한번 싹 틔운
높은 산 수목 한계선
평생
하늘 한 길로 가야 할 운명

모진 눈보라도
오래 마주하니 친구
서로의 역할을 이해하며
안부를 묻는다

바람에 닳은 몸
천천히 걸음도 굴욕이 아닌 것
봄이 늦어도
여름은 더 뜨겁다

바보 같은 시간
차곡차곡 쌓아
존재 자체로 하나의 풍경이 된
오늘 이 순간

흰 구름
머리 위에 이고
눈꽃 온몸에 달고
터벅터벅 걸어가는 거인

말문이 열렸겠지

보석보다 더 귀한 누님
언어 장애
볼 때마다 아버지 이마에 갈매기
품에 안고 강물처럼
흘리신 눈물

그래도 사랑해 줄
임을 만나
아들 3형제 낳았지
두 아들 속 썩였지만
가운데 아들 보며 살았지

손짓으로 하는 말
답답했지만
술 취하면
입이 절로 벙긋벙긋
얼굴에 피우던 꽃

생전 처음 비행기 태워
서울 구경
아끼던 위스키 한 병 안기니
덩실덩실 추던 춤

낙상으로 먼저 떠난 누님
저 하늘에선 말문이 열려
아껴둔 잔소리
날 보면
마구마구 풀어내겠지

저 하늘 별 되어

국립 서울 현충원
제 28묘역 39037묘비
81년 6월 25일 경기도 가평에서
포병훈련 순직

나라 사랑
끓는 피
오직 군인정신
몸과 정신 다 바쳐
숭고한 의무 다한
늠름한 초개

영특한 눈망울로 할아버지 기상
알차게 물려받아
집안 기둥 되랬더니
이제
돌 위에 꽃이 되었구나

충직의 의무를 다한 네 삶
그 이름 영원히 새겼으니
저 하늘 별 되어
누리를 비추네

같이 살자

지난해
블루베리 농사 풍년
그러나
찌르레기 잔치판만 벌여 주었네

올해 블루베리
또 풍년
올핸 넘보지 못하게
하얀 그물 둘러 놓았네

그래도 지난해 맛
못 잊어
포복으로 기어든 찌르레기
그물에 걸렸네

오늘 아침
기진맥진한 찌르레기
미안해 풀어주니
푸드덕 하늘로 날아갔다

내 욕심은 헛된 마음
그래 같이 먹고살자
하얀 철조망 하얗게
다시 벗겨버렸다

이슬

나의 청춘을 위해
당신은 떠났습니다
홀연히 손 흔들며
뒤돌아보지 않고

시간이 멈춘 그 자리
메말라가는 입술보다
마음이 먼저 사막이 될까
애가 탑니다

남아 있는
당신의 발자취
여기저기
추억을 피우며 맴돕니다

그림자만 끌어안고
긴 밤을 지새운 새벽
흠뻑 젖은 몸으로
나를 찾아온 당신

평설

| 평설 |

잘 조율된 자연의 악기와 같은 삶

송기한
(문학평론가 · 대전대 교수)

1. 시를 만난 인생의 행복

지강식 시인은 늦깎이 시인이다. 이력에 의하면, 그는 오랜 세월 교직에 있었고, 퇴임 후에는 소나무를 키우며 자연과 더불어 살고 있다고 한다. 뿐만 아니라 종종 서예도 하고, 각종 악기도 전문가 못지않게 다룰 줄 안다. 이제 이러한 솜씨에 시를 하나 더 얹었고, 이 또한 성공의 길로 들어간 것처럼 보인다. 2019년 《계간문예》에서 신인상을 수상함으로써 공식 문인의 길에 들어선 것이다. 이후 시에 대한 열정은 식지 않아서 그동안 써 놓은 작품들을 모아서 이번에 첫 시집을 상재하려고 한다.

문학과 사회, 아니 그 범위를 좀 더 좁히게 되면 문학과 인생은 서로 뗄 수 없는 관계를 유지하고 있다. 이런 단면은 지강식 시인에게도 마찬가지인데, 지금껏 살아온 삶의 모습들을 자신이 일군 언어를 매개로 생생하게 되살려내고 있기 때문이다. 교직에 몸담은 사람으로서 체질적으로 가질 수밖에 없는 삶에 대한 엄정함이 녹아 있고, 잘 조율된 악기의 소리에서 나오는 경쾌한 가락이 서정의 운율 속에서 아련히 퍼지는가 하면, 서예 속에서 풍겨나오는 언어의 아름다운 춤들이 서정시라는 영역에서 새롭게 탄생하고 있는 것이다.

시인의 시들은 맑고 깨끗하다. 그러한 순정의 세계들은 모두 사물에 대한 세밀한 관찰이 만들어낸 것들이다. 악기나 서예 등이 어떤 일탈도 허락하지 않는 정밀함의 세계에서 이루어지는 것처럼, 시 또한 그러한 노력의 연장선에 있는 것이 아닌가. 시인은 이미 그런 세계가 요구하는 자세들에 대해 충분히 훈련을 한 것처럼 보인다. 그가 일구어내는 대상들은 구체적이다 못해 지극히 섬세한 까닭이다.

새싹은
지심의 정열이 쏘아 올린 탄두彈頭
두근대는 가슴
붉게 상기된 얼굴

겨우내 움츠린 뿌리

뇌관이 돼
바닥 차고 솟아오르는
서슬 퍼런 꿈

우주여
이 연서戀書
뜨겁게 품을 준비가 되었는가

— 〈땅의 연서〉 전문

새로운 생명이 탄생하는 과정은 엄숙하고 신기할 것이다. 이런 특징은 〈땅의 연서〉에서도 예외가 아니다. 시인은 이 작품을 미세한 관찰과 여기서 얻어진 신선한 이미지들로 형상화해 낸다. 어떤 한눈팔이도 허용되지 않은 관찰, 집중된 자의식만이 〈땅의 연서〉를 만들어내기 때문이다. 이런 감각은 그가 즐겨 가까이 하는 악기나 서예를 떠나서는 설명할 수 없는 부분들이다. 그의 시들이 신선한 감각과 참신한 이미지를 독자에게 선사하는 것은 모두 이와 밀접한 관련이 있을 것이다.

모든 예술이 그러하지만 특히 서예나 악기의 반주 등은 오도悟道의 감각을 떠나서는 설명할 수 없다. 그러한 까닭에 이런 예법을 체득한 시인은 그 정서가 이미 체질화되어 있다고 보아야 한다. 마치 생리적인 어떤 것처럼 시인에게 흔들리지 않는 구경의 어떤 것으로 자리한 지 오래인 것이다. 그런데 이런 감각은 언어를 도구로 하는 서정시의 세계에서도 그대로 구현되고 있다.

그런 특징이 지강식 시인이 펼쳐 보이는 서정시의 가장 큰 특색 가운데 하나일 것이다.

늦깎이 시의 길
열심히 두드려도
소리는 들려오지 않아
까치발로 목이 빠지게
사방을 두리번두리번

밤새 눈꺼풀 뒤집으며
시가 걸어갈 종이
뚫어지게 바라보지만
욕심만 앞서
얻은 것은 빈손

내일의 희망을 걸고
어제 갔던 길을
다시 밟아가지만
시는 언덕 너머 안개 속에 있고
나는 당달봉사처럼 헤매 도네

잡힐 듯 잡힐 듯
잡히지 않는

— 〈그림자〉 전문

시인은 작품 〈시〉에서 '시'를 "영혼의 씨앗을 짠" 것이라고 했다. 말하자면, 시는 대상을 묘사하는 풍경화라든가 정서를 뛰어넘는 언어유희와는 거리가 있는 것이라고 이해한 것이다. 그렇기에 그의 시들은 의미를 충실히 구현하는 것에 바쳐진다. 요즈음 일부 시인들이 말하는 영혼 없는 시, 가령, 의미나 형식을 파괴하거나 혹은 해체한 그로테스크한 것들의 범주를 뛰어넘는 곳에 존재한다.

그러나 '시'를 "영혼의 씨앗을 짠" 것이라 했지만, 그 영혼이 정확이 어떤 것인지에 대해서 뚜렷이 제시하고 있지는 않다. 다만 그 일단을 짐작해 볼 수 있는 것이 작품 〈그림자〉에 어렴풋이 비춰지고 있을 뿐이다. 시인은 이미 악기를 통해, 혹은 서예라는 도道를 통해 자신에게 필요한 예도에 대해서 어느 정도 이해했는지도 모른다. 그런데, '늦깎이'로 시작한 시의 영역에서는 아직 서예나 악기와 같은 경지에는 도달하지 못한 것으로 보인다. 그래서 "열심히 두드려도/소리는 들리지 않"는 것이고, 밤새 눈꺼풀 뒤집으며/시가 걸어갈 종이/뚫어지게 바라보지만" 그 실체가 도무지 감각되지 않고 있기도 하다. 그래서 그 오도悟道라는 것이 무엇인지 "내일의 희망을 걸고/어제 갔던 길을/다시 밟아" 보는 행위를 계속 하게 된다. 하지만 여전히 그것은 실체를 드러내지 않고 있다. 마치 "잡힐 듯 잡힐 듯/잡히지 않는" 시소게임이 자아와 언어 사이에서 계속 일어나고 있는 것이 아니겠는가.

여기서 알 수 있는 것처럼, 시인에게 시쓰기란 영혼을 알아가는 과정이라 할 수 있다. 보다 구체적으로는 자아란 무엇이고, 또 그것이 자신의 삶에서 어떤 것인가를 이해하는 과정이라 할 수 있을 것이다, 이는 곧 성찰의 영역이며, 그의 시들은 모두 이 음역에서 계속 피이드백하는 순환 구조 속에 놓여 있다. 내성과 성찰이 전진보다는 회귀나 반복에 의해 그 성공을 보장받을 수 있다는 점에서 보면, 만들어가는 주체의 입장에 놓인 서정적 자아에게 이는 매우 의미있는 것이라 하겠다.

2. 해탈이라는 숭고, 그 도정으로 나아가는 길

인간이 도道에 집착하는 것은 그렇지 못한 것들이 자아 내부에 있기 때문이다. 그것을 형이상학적으로 욕망이라고 하거니와 종교에서는 업이나 죄와 같은 것으로 설명하기도 한다. 문제는 이런 감각이 후천적인 것에서 오는 것이 아니라 선천적인 것에서 오는 것이라는 점에 놓여 있다. 그래서 이를 두고 원죄라 하거니와 그 초월이야말로 모든 인간이 갖고 있는 영원한 꿈으로 다가온다.

그러한 꿈은 내성과 분리하기 어려운 것인데, 인간이 끊임없이 성찰하고 이를 바탕으로 존재론적 완성으로 나아가고자 하는 것은 모두 이런 인간의 한계 때문이다. 지강식 시인이 갖고 있는 서정적 거리 또한 이와 밀접한 관계를 갖고 있다는 점에서 개인사와는 무관한 것이라 할 수 있다. 시인이 이번 시집에서 만들어내는 서정적 거리는 개인의 한계나 자신만의 특수한 무의식의 억압이 만들어내는 것이 아니다. 인간이라면 누구나 자유로울 수 없는 욕망 같은 것들이 이 시인의 자의식에 깊이 배어있는 까닭이다.

산이 있어
오르는 사람 있고
겨울이 있어
봄이 있다
가시가 있어
열매가 달다

과녁이 있어
화살처럼 질주하는 삶
아킬레스건을 족치고
눈빛을 다시 세운다

— 〈있어〉 전문

이 작품은 '있어'라는 자동사를 사용하여 인간 속에 필연적으로 내재할 수밖에 없는 욕망의 문제를 재미있게 풀어낸 시이다. 무언가 '있'기에 그다음의 행위가 인과론적으로 이어질 수밖에 없다는 것을 이야기하고 있는데, 그것은 자연뿐만 아니라 인간에게도 동일하게 작용한다. 시인이 존재론적 한계를 느끼는 것은 무언가 '있'기 때문인데, 그 "있음"을 채우고 있는 것은 다름 아닌 "과녁"이다. 과녁이란 목표인데, 그것이 실존의 영역에서는 긍정적인 것에 닿아있지만, 형이상학의 영역에서는 부정적인 것에 닿아 있다. 게다가 여기서 이 '과녁'은 그저 존재하는 것이 아니다. 말하자면 수동성이나 자동성의 상태가 아니라 그리로 향하도록 적극적인 에네르기를 가하도록 강요까지 받고 있는 것이다. "아킬레스건을 족치고/눈빛을 다시 세우"는 행위들은 모두 이런 시도동기에서 이루어진 것들이다.

이런 연쇄 반응이야말로 욕망의 또 다른 이름일 것이고 자아가 여기에 얽매이면 얽매일수록 스스로에게 족쇄로 다가올 것은 뻔한 이치이다. 인간은 욕망하기에 억압의 정서를 갖고 있는 것이며, 이런 욕망으로부터 벗어나지 못하면, 억압이란 자아로부터 결코 떠나지 않을 것이다. 욕망이 있는 한 억압이 있고, 이 관계가 해체되지 않는 한 서정적 자아는 유토피아에 결코 도달하지 못할 것이다.

노란 은행잎은
남은 날에 대한 물음
남길 것은 무엇이고
보낼 것은 무엇인가

늦가을 냄새
못다 태운 불길이 가슴을 할퀸다
생을 헌신짝같이

버리고 갈 수 있어야 하는데

소멸 앞에서
영원에 대한 갈망은 더욱 깊어
언제쯤
한 줄기 바람처럼 갈 수 있을까

다 비운 자의
노란 수의는 거룩하다
그 당당한 어깨
노을이 찬란히 꽃을 받친다

— 〈노을 꽃〉전문

인간이라면 누구나 꿈꿀 수 있는 유토피아란 어떤 모습일까. 가령, 아담과 이브가 살던 에덴동산일까. 아니면 모든 업을 극복하고 환생한 어떤 편안한 모습의 유기체일까. 아니면 상상 속에 존재하는 동양의 무릉도원이나 청산과 같은 삶의 세계일까. 하지만 어느 누구도 그 실체에 대해 뚜렷하게 감각하는 것은 결코 쉬운 일이 아니다. 지금껏 그것이 구체적인 현상으로 우리 앞에 구현된 적은 없기 때문이다. 하지만, 그 구체적인 실상을 체험하지 못했다고 하더라도 어느 정도 그에 대한 가상의 현실이 존재할 수 있는 것은 아닌가 한다. 그리고 인간이 욕망에 의해 억압된 존재라고 한다면, 이 불구화된 상태를 초월하는 것만으로도 이 유토피아는 우리에게 어느 정도 현현한 것이 아닐까.

《노을꽃》은 인간이 꿈꾸는 유토피아가 어떤 것일 수 있다는 가상의 현실을 어느 정도 보여준 작품이라는 점에서 주목을 요하는 시이다. 그것은 일종의 버림, 곧 떨궈냄이다. 가을은 신화적 의미에서 보면 소멸의 계절이다. 겨울이 죽음의 단계라면, 가을은 이 단계로 나아가기 전 단계가 되는 셈이다. 그래서 가을은 모든 것을 버려야 하는 예비의 계절이다. "남길 것은 무엇이고/보낼 것은 무엇인가"에 대한 고민을 계속 시도하는 것은 비욕망의 세계, 시인의 논법에 의하면 해탈의 세계로 들어가기 위해서이다.

'노을 꽃'으로 상징되는 자연은 이런 과정을 예외 없이 잘 보여준다. 하지만 인간은, 아니 서정적 자아는 '노을 꽃'처럼 그렇게 순리적으로 나아갈 수 있는 것인가. 이 작품의 회의는 일단 여기서 시작된다. 그러한 회의야말로 서정적 자아의 내성이며, 시인이 이번 시집에서 가장 전략적으로 구사하고 있는 주제 가운데 하나일 것이다.

이른 새벽
부처님과 나 혼자뿐
최면 걸린 것처럼
적막 속에
빠져든 순간
새로운 귀가 열리고

잡념 하나까지 다 비우면
바닥에 가라앉아 있던 진실
꽃송이처럼 눈을 떠
그 향기를 따라
오늘도 내일도 계속
일 배 일 배 백팔 배.....

님아, 해탈은 어디쯤이냐?
밤새
아프도록 온몸 태우지만
때 묻은 몸뚱아리
납덩이 같아

— 〈공염불〉전문

성찰이나 내성은 어찌 보면 완성의 감각에 그 의의가 있는 것은 아니다. 하기사 원죄를 비롯한 존재론적 한계를 필연적으로 수반하고 있는 인간이 이 환경으로부터 말끔히 벗어나는 것은 불가능한 일일 것이다. 그럼에도 인간은 이런 도정을 결코 멈출 수 없는 것 또한 진실이기도 하다. 만약 그 성찰이라는 정서를 포지하지 못한다면, 지금 현재 이루어지고 있는 삶은 그 건강성조차 확보될 수 없기 때문이다. 뿐만 아니라 자아와 세계 사이의 거리 속에서 서정의 유토피아를 추구하는 서정시는, 아니 서정시인은 더 이상 존재 의의가 없어질 것이다. 서정시야말로 이화해할 수 없는 거리감이 만드는 장르이기 때문이다.

지금 서정적 자아는 조용한 새벽 산사에 있다. 그가 여기에 있는 이유는 단 한 가지이다. 수양을 통해서 존재론적 완성으로 가는 길을 발견하고자 하기 때문이다. 그런데 여기서 서정적 자아의 그 끊임없는 시도는 어느 정도 성공한 듯도 보인다. "적막 속에 빠져든 순간/새로운 귀가 열리는" 놀라운 경지에 이르기 때문이다. 맑은 소리를 들을 수 있다는 것은 정서의 해방없이는 불가능한 감각이다. 온갖 욕망으로 물든 자아가 맑은 소리를 있는 그대로 듣는 것은 불가능하기 때문이다.

맑고 깨끗한 세계에 대한 갈망, 그 서정적 에네르기들이 서정적 자아로 하여금 계속 수양이라는 음역 속에 머물도록 한다. 서정적 자아 역시 그 에네르기를 받아서 성찰이라는 거보를 내디디며 힘차게 앞으로 나아가고자 한다. 그래서 "오늘도 내일도 계속/일 배 일 배 백팔 배"를 계속 시도하는 것이다. 하지만 그 길은 생각만큼 쉬운 것도 아니고 경우에 따라서는 불가능한 것처럼 다가오기도 한다. 넘나들 수 없는 서정의 강이 자아 앞에 펼쳐지고 있다는 사실을 이해하는 데에는 그리 오랜 시간이 필요치 않았기 때문이다. "님아, 해탈은 어디쯤이냐?"하는 하소연이 곧바로 튀어나오는 까닭이다.

해탈이란 자아가 생각한 것만큼 결코 쉽게 이루어질 수 없다는 것인데, 실상 이런 감각이야말로 인간의 궁극적 한계가 아닐 수 없다. 구도자적인 수양과 끝없는 성찰을 통해서 존재의 한계가 극복될 수 있다면, 서정시는 어쩌면 더 이상 존재하지 않는 것인지도 모를 일이다. 이는 물론 서정시의 한계가 아니라 인간의 한계이기도 할 것이다. 〈공염불〉의 자아도 비슷한 처지에 놓여 있다. 저기 저 아름답게 펼쳐져 있을 것처럼 생각되던 유토피아가 잡힐 듯 잡힐 듯 하면서도 결코 잡히지 않는다. 그러한 단념을 잘 보여주는 시구가 바로 "때 묻은 몸뚱이/납동이 같아" 일 것이다. 몸이 가벼워진다는 것은 욕망이라는 때를 벗겨내는 상황이 되어야 한다. 서정적 자아는 욕망이라는 이름의 무거운 때를 계속 떨궈내려 하지만, 이를 완성하는 작업은 결코 성공을 거두지 못한다. 성찰이라는 아름다운 순례의 여행을 계속해야 하는 까닭이 여기에 있다. 완성은 난망한 것이지만, 그렇다고 결코 포기할 수 없는 것, 그것이 존재론적 한계를 갖고 있는 인간의 숙명이자 서정적 자아의 운명일 것이다.

3. 오도를 통한 공존

존재 완성을 향한 자아의 노력은 계속 가열하게 진행된다. 그것은 시인에게 주어진 의무이자 윤리이기도 했다. 완성은 해체라든가 분리의 감각과 상대적인 자리에 놓이는 것인데, 이에 이르기 위해서는 무엇보다 전일성이 확보되어야 하고, 또 의식과 무의식 사이에 놓인 갈등들이 해소되어야 한다. 그것이 곧 깨달음의 경지이거니와 시인은 그러한 길을 위해서 다양한 모색을 시도한다. 그 가운데 하나가 서권기書卷氣이다. 가령,

〈보금자리〉가 그러하고 〈아리랑을 읽다가〉, 혹은 〈삶의 퇴고〉가 모두 이와 관련된다.

가장 좋아하는 판넬 집
낮에 비 소식
제일 먼저 전하고
어두운 밤
바람의 연주를 들려주는 집

여름은 프라이팬처럼 달아올라
땀 뚝 뚝 듣는 한증막
겨울은 매서운 한파
그냥 스며드는 냉동고
더위와 추위 속
내 지나온 길과 갈 길을 생각해 본다

책을 읽고 있으면
가까이 벌레의 현악기 소리
먼 곳에서 산새의 피리 소리
마음 씻어주니
이보다 좋은 곳
세상 어디에 있겠나

— 〈보금자리〉 전문

일찍이 우리 시사에서 서권기를 통해서 인식의 완결을 이루어 내려고 한 시인으로 가람 이병기를 들 수 있다. 그는 난초향이 풍기는 서실書室과 책장을 넘기는 과정에서 나오는 책향기를 통해 소위 근대의 이분법을 초월하고자 했다. 의식과 무의식이 통일되어 하나가 되는 것, 이를 후각을 통해서 뛰어넘고자 했던 것이다. 그것이야말로 대상과 자아 사이에 놓인 서정적 거리의 무화가 아니겠는가.

〈보금자리〉와 〈아리랑을 읽다가〉가 서정화 하고자 하는 것도 가람의 시적 방법과 꼭 닮아 있다. 서정적 자아는 "책을 읽고 있으면", "가까이 벌레의 현악기 소리", "먼 곳에서 산새의 피리 소리"가 들린다고 했다. 소리가 감각되는 것은 단절이 아니라 소통이거니와 이는 곧 어떤 차단의 벽이나 격절감과는 무관한 경지이다. 소리를 통한 여과를 통해서 시인의 정서는 맑게 씻어 진다. 이른바 영혼의 아름다운 지대가 형성된다는 것인데, 그 지대야말로 근대의 이분법이 가져온 단절을 초월하는 지점이 될 것이다. 자아가 이 해방의 지대에서 "이보다 좋은 곳/세상 어디에 있겠나"라고 하는 것은 이 때문이라 할 수 있다.

자아와 대상 사이에 놓인 거리의 좁힘과 그 초월은 한순간의 자의식에서 이루어질 수 있는 것이 아니다. 그 또한 인간의 숙명으로 자리한 지 오래이다. 의식과 무의식, 본능과 이성 사이에 놓인 거리를 서권기와 같은 수단을 통해서 자아가 계속 초월하고자 하는 것은 그러한 숙명으로부터 자유롭지 않은 것이라 할 수 있다. 시인은 이 작품에서 서권기와 맞설 수 있는 또 하나의 대상을 발견하게 된다. 등가로서의 자연이 바로 그러하다. 시인의 작품 세계에서 자연이 갖고 있는 함의는 아무리 강조해도 지나치지 않는데, 어쩌면 이번 시집에서 펼쳐 보인 서정의 긴 행보가 여기서 완성되는 듯한 느낌을 받을 정도로 중요한 매개로 기능한다.

소나무 농장은
새들 사철 노래방

해님 오기 전
이슬 안고 참새들 노래

해님 방긋 웃으면
반가운 손님 오려나 까치 소리

오후 내내 뻐꾸기 정다운 인사
밤에는 임 부르는 소쩍새

낮부터 밤까지
시간 맞춰 성업 중

때 묻지 않은 목청
듣고 또 들어도
질리지 않는 최고의 명곡

— 〈숲 노래방〉 전문

자연이 갖고 있는 근대적 의미들은 밤상치 않은 함의를 갖고 있다. 자연에 대한 기술적 지배란 곧 인간의 욕망에 의해 저질러진 것이고, 이런 폐해에 대해 일찍 간파한 루소는 "자연으로 돌아가라"고 선언한 바 있다. 자연으로 회귀한다는 것에는 자연을 더 이상 대상화된 존재가 아니라 일체화된 존재로 받아들여야 한다는 뜻이 담겨 있다. 다시 말해 현재의 위기는 인간이 자연으로부터 떨어져 나와 자연을 욕망의 대상으로 취급한 데서 빚어진 결과라고 보는 것이다. 따라서 위기가 감각될 때마다 자연은 그 대안, 곧 원점 회귀로 부각될 수 있었던 것이다.

지금 서정적 자아는 '숲'의 한가운데 있다. 그러면서 그는 거기서 마치 노래방에 온 듯한 착각을 가질 정도로 그것과 하나되어 그 세계에 침윤되어 있다. 이는 곧 교감의 정서인데, 이런 감각이야말로 경계나 분리의 세계와는 거리가 먼 것이라 하겠다. 일찍이 서정주는 〈상리과원〉이라는 시에서 자연과 인간이 어떻게 하나가 되어 통일된 공간을 만들어낼 수 있는가를 잘 묘파해낸 적이 있다. 전후 무질서하고 혼란한 현실을 자연과 하나되는 감각, 모든 자연의 소리들이 하나의 공간에서 울려퍼지는 교향악 속에 담으려 했다. 그것이 〈상리과원〉의 세계였다.

〈숲 노래방〉은 서정주의 〈상리과원〉을 마치 지금 이곳에 재현되고 있는 듯한 착각을 불러일으킬 정도로 유사하게 닮아 있다. 모든 것이 자연의 일부가 되어 보다 커다란 자연으로 재생되고 거기서 아름다운 조화감이 펼쳐져 있다는 점에서 그러하다. 인간과 자연이 분리되어 있는 현실에서는 새의 소리도, 나무들의 음성도, 해의 모습도 들리거나 볼 수가 없게 된다. 이를 응시할 수 있는 것은 인간이라는 경계를 뛰어넘어야 비로소 가능한 일이 될 것이다. 지금 서정적 자아는 대상과 혼연일체가 되어 자연이라는 거대 성채를 이루어내고 있다. 그곳은 분리가 아니라 통합이며, 갈등이 아니라 조화이다. 이를 가능케 한 것은 인간이라는 경계와 자연이라는 경계가 따로 존재하지 않는 현실에 의해서이다.

지난해
블루베리 농사 풍년
그러나
찌르레기 잔치판만 벌여 주었네

올해 블루베리
또 풍년
올핸 넘보지 못하게
하얀 그물 둘러 놓았네

그래도 지난해 맛
못 잊어
포복으로 기어든 찌르레기
그물에 걸렸네

오늘 아침
기진맥진한 찌르레기
미안해 풀어주니
푸드덕 하늘로 날아갔다

내 욕심은 헛된 마음
그래 같이 먹고 살자
하얀 철조망 하얗게
다시 벗겨버렸다

— 〈같이 살자〉 전문

인용시는 〈숲 노래방〉에서 시작된 통합적 사유가 어디를 지향하고 있는지를 잘 보여주는 작품이다. 서정적 자아는 블루베리 농사를 지었지만, 찌르레기의 잔치판만 만들어주었을 뿐 거기서 아무런 소득도 얻지 못했다. 그래서 올해는 자신만의 소유욕을 채우기 위해 "하얀 그물을 둘러쳐 놓았"다. 그랬더니 지난해 맛을 잊지 못한 찌르레기 그물을 뚫고 들어왔고, 이내 거기에 걸려버렸다. 자아의 미안한 윤리의식이 발동한 것은 이 지점에서 이고, 그래서 자아는 "기진맥진한 찌르레기"를 "미안한 마음"으로 풀어주게 된다.

이 작품에 이르게 되면, 시인이 의도했던 통합의 사유가 더 이상 관념의 세계에 머물고 있지 않음을 이해하게 된다. 다시 말해 시인은 의식과 무의식, 혹은 이성과 본능 사이에 놓인 통합이라는 관념, 혹은 그 뜬구름 잡는 형이상의 영역으로부터 벗어나 이렇듯 현실 속으로 녹아들어 가고 있는 것이다. 이런 현실성이야말로 구체성의 또 다른 이름이며, 그의 시들이 주관이나 관념의 감옥과 거리를 두고 있는 것은 이 때문이라 할 수 있다.

실제로 시인이 이번 시집에서 응시하는 세계는 넓고 크다. 그의 시들이 일상의 뚜렷한 관찰에서 시도되는 것이지만, 그는 대상의 섬세한 묘사에서 그의 시작을 끝맺지는 않는다. 그는 이를 형이상학적 통합이라는 관념을 만들어내기도 하고 일상의 아름다운 공존을 현실에서도 실현하고 있는 것이다. 그의 시들이 만들어가는 음역이 넓고 큰 것은 모두 이런 이유 때문일 것이다.

4. 넓고 큰 서정의 음역들

지강식 시인의 작품들은 깔끔하다. 대상을 통해 빚어내는 시의 언어들은 정제되어 있을 뿐만 아니라 그 언어가 빚어내는 의미들 또한 맑고 투명하다. 하지만 이렇게 여과된 언어들 속에서 그려지는 맑은 세상들이 작가의 주관이나 관념에 의해 길러지는 것이 아니다. 그의 시들은 작은 영역이 아니라 보다 큰 영역으로 계속 나아가고자 한다. 그것이 시인의 시세계를 넓고 크게 하는 요소들이다. 그 한 가지 사례를 보여주고 있는 작품이 〈허고개〉이다.

문수동자도 헉헉대며 넘었다는 허고개
구불구불 휘어 감고 올라가는 길
무거운 삶의 짐 잔뜩 이고 지고
고통의 울분을 땀방울처럼 흘리며
이마에는 굵은 주름
붉게 충혈된 눈동자

해마다 터지는 운전 사고
길이 문제인가
인간의 성급함 때문인가
아니면 산신령이 노하신 건가

나락으로 떨어지는 선량한 사람들
살려 달라 외치지만 본체만체
어제도 오늘도
끝내 울분을 토해낸다
시장님 살려 주세요
이제 더 못 참겠다고
수십 명이 줄을 지어
성난 얼굴로 깃발을 흔든다

까막눈은 아닌데 못 본 척하는 나으리들
이 소리 들리는가

굳은살 손바닥들의 거센 항의
끝내 외면하시려는가

이 고개에서 장애인으로 누운 남편을 두고
그의 아내
산 입에 거미줄 치는 신세
켜켜이 쌓인 설움
절절한 함성으로 풀어헤친다

— 〈허고개〉 전문

시인이 응시하는 대상은 인용시에서 보듯 크고 넓어지는 경향을 갖고 있다. 그는 자연이라는 영역으로부터 벗어나 사회의 보편적인 구석 한 곳을 뚜렷이 응시한다. 이런 응시란 〈같이 살자〉의 범주 속에 놓이는 것이지만 이 작품에 이르러서는 그 내포와 외연이 크고 넓은 경우이다. 그의 시들은 보다 큰 사회적 영역에서 시의 의미가 만들어지는 까닭이다.

시는 일인칭 주관에 의해 지배되는 장르이기에 관념이라는 한계를 피하기 어려운 것이 사실이다. 그것이 시와 사회의 관계를 이야기하는 데 있어 일정한 난점으로 작용하게 하는 것은 부인할 수 없는 사실이다. 하지만 시인은 서정시가 갖고 있는 그런 부정적인 면들을 딛고 한 단계 더 나아가고자 한다. 이른바 관념이라는 영역으로부터의 탈출이다. 그러한 일탈이 자아로 하여금 사회라는 보다 큰 지대로 나아가게 하는 에너지가 되게끔 만든다. 대상의 관조와 거기서 얻어지는 이미지들에 의해서 맑고 투명하게 그려진 대상들이 그 외연을 넘어서 보다 큰 음역을 갖는 것은 이런 이유 때문이라고 할 수 있다.

계간문예시인선 181

지강식 시집 _ 소크라테스 아내

초판 인쇄 2023년 2월 15일
초판 발행 2023년 2월 20일

지 은 이 지강식
회 장 서정환
발 행 인 정종명
편집주간 차윤옥

펴 낸 곳 도서출판 계간문예
주 소 03132 서울 종로구 삼일대로 30길 21 종로오피스텔 1209호
전 화 (02) 3675-5633 팩스 (02) 766-4052
이 메 일 munin5633@naver.com
홈페이지 http://cafe.daum.net/quarterly2015
등 록 2005년 3월 9일 제300-2005-34호
연 락 처 03132 서울 종로구 삼일대로 32길 36 운현신화타워 305호
인 쇄 54991 전북 전주시 완산구 공북1길 16, 신아출판사
ISBN 978-89-6554-266-7 04810
ISBN 978-89-6554-118-9 (세트)

값 10,000원

이 시집은 한국예술인복지재단에서 창작지원금을 받아 출간되었습니다.